TRUCS ET CONSEILS 101

LES PÂTES

101 TRUCS ET CONSEILS

LES PÂTES

Anne William

TRÉCARRÉ

CE LIVRE EST UN OUVRAGE DORLING KINDERSLEY

Première édition en Grande-Bretagne en 1995 par
Dorling Kindersley Limited

ISBN 2-89249-619-5

Dépôt légal 1996
Bibliothèque nationale du Québec

Imprimé en Italie

TRUCS ET CONSEILS

101

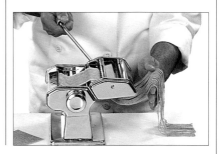

PAGES 68 à 69

CONSERVER ET RÉCHAUFFER LES PÂTES

INDEX

PAGES 53 à 67

PÂTES GARNIES ET PLATS AU FOUR

QUELLES PÂTES ?

1 TENEUR EN CALORIES

Les pâtes sont une excellente source de glucides, mais elles renferment étonnamment peu de calories. Les teneurs en protéines et en fibres diffèrent si les pâtes contiennent des œufs ou non, et varient en fonction de la farine utilisée.

Analyse typique – pâtes cuites

28 g	Kcal	Fibres
Spaghetti	38	0,3 g
Spaghetti à la farine complète	30	0,9 g
Tagliatelle (pâtes aux œufs)	41	0,3 g
Tagliatelle verde	37	0,3 g

2 PÂTES SÈCHES ET PÂTES FRAÎCHES

Les pâtes sèches vendues dans le commerce constituent une « réserve » alimentaire indispensable dans la cuisine, toujours prêtes pour un repas rapide, bon marché et nourrissant. Les pâtes fraîches, de fabrication maison, sont légères et bon marché, mais il faut du temps pour les préparer. Les pâtes fraîches achetées offrent une alternative rapide, élégante, mais plus coûteuse.

3 ACHETER DES PÂTES FRAÎCHES

Les pâtes fraîches aux œufs de fabrication industrielle sont disponibles sous de nombreuses formes, couleurs et saveurs, et déjà garnies, comme les tortellini et les ravioli. Achetez-les si possible en épicerie fine ou chez un détaillant renommé ; vérifiez les informations figurant sur le paquet et évitez que la date limite de conservation ne soit trop proche.

PÂTES GARNIES

4 CHOISIR DES PÂTES SÈCHES

N'achetez que des pâtes de fabrication industrielle préparées à partir de farine de blé dur ou de semoule pure à 100 %. Si vous recherchez une forte teneur en fibres, choisissez une variété à la farine complète. Évitez les paquets présentant de fins débris dans le fond : cela peut indiquer que les pâtes sont rances.

FARFALLE

5 LES PÂTES LONGUES

Il existe deux formes de pâtes longues : les brins comme les spaghetti et les rubans comme les tagliatelles. Les brins du commerce sont fabriqués à partir d'une simple pâte à la farine et à l'eau, alors que les rubans contiennent souvent des œufs. Les deux formes sont disponibles fraîches ou sèches et existent dans de nombreuses tailles et différentes saveurs : aux épinards, à la tomate, ou au blé complet. Les rubans sont les plus populaires des pâtes de fabrication maison, car ce sont les plus faciles à mettre en forme et à découper.

CAPPELLINI

PAPPARDELLE

TAGLIATELLE VERDE

TAGLIARINI

SPAGHETTI

SPAGHETTI AU BLÉ NOIR

SPAGHETTI AU BLÉ COMPLET

6 LES PÂTES COURTES

Ce type de pâtes comprend une très grande variété de formes : tubes, coquilles, spirales, courbes, anneaux et roues. La plupart d'entre elles sont des pâtes sèches du commerce, fabriquées à base d'eau et de farine, et vous pouvez souvent en trouver de différents goûts ou de différentes couleurs. Chaque forme porte son propre nom italien, qui décrit généralement l'objet auquel elle ressemble : par exemple *conchiglie* (coquille) ; *farfalle* (papillon) ; *lumache* (escargot) ; ou *ruoti* (roue).

TUBETTI LUNGHI

FARFALLE

CHIFFERI RIGATI

CAPPELLETTI

RIGATONI

RUOTI

MILLERIGHE

GIGANTONI

DITALINI

CONCHIGLIE

STROZZAPRETI

7 PÂTES GARNIES ET EN COUCHES

Certaines pâtes sont farcies d'une garniture savoureuse, comme les tortellini, alors que, dans les plats en couches, des feuilles de pâtes (lasagne) alternent avec de la sauce et de la garniture. Pour les cannelloni, des rectangles de pâte sont enroulés autour d'une farce, recouverts de sauce et passés au four.

LASAGNE VERDE

CANNELLONI

LASAGNE

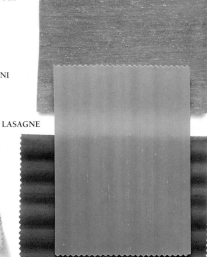

TORTELLINI VERDE

RAVIOLI

LASAGNE VERDE ONDULÉES

8 PETITES PÂTES POUR LA SOUPE

Les pastina – littéralement « petites pâtes » – existent dans de nombreuses formes souvent amusantes. On les utilise dans des bouillons légers et des plats simples pour les enfants.

DITALINI

ORZO

ALPHABETTI

STELLINI

9 PÂTES ORIENTALES

Les nouilles orientales peuvent souvent être cuites comme les pâtes italiennes, mais les nouilles sous cellophane et les bâtons de riz doivent être trempés avant utilisation. Les wontons et certaines nouilles à l'amidon de mungo doivent être frits.

NOUILLES CHINOISES

FINES NOUILLES AUX ŒUFS SÉCHÉES

NOUILLES AUX ŒUFS SÉCHÉES

NOUILLES FRAÎCHES

10 ADAPTER LA SAUCE AUX PÂTES

Chaque forme de pâtes est conçue pour une sauce particulière : les rubans de fabrication maison absorbent fortement les sauces à base de beurre et de crème, alors que les brins allongés sont meilleurs avec des sauces à base d'huile d'olive. Les pâtes plus petites sont idéales pour les sauces qui forment des morceaux, car ceux-ci se coincent dans les plis et les creux, alors que les pâtes farcies demandent des sauces qui complètent sans le recouvrir le goût de la garniture.

SPAGHETTI
La sauce bolognaise leur convient bien.

FUSILLI AU PISTOU
Le pistou, convient aux pâtes longues et courtes.

ROULEAUX ÉPINARDS /FROMAGE
La sauce au poivron rouge ajoute un contrepoint piquant.

LES BASES DU GARDE-MANGER

11 QUELLE FARINE ?

Pour préparer des pâtes aux œufs, utilisez une farine blanche forte ou une farine non blanchie. La farine de semoule ne convient pas pour la fabrication maison, elle est trop difficile à étaler à la main. Pour avoir une plus forte teneur en fibres, utilisez des quantités égales de farine blanche et de farine complète.

FARINE NON BLANCHIE

12 LES ŒUFS

Utilisez les œufs les plus frais possible. Il suffit de les immerger dans l'eau pour tester leur fraîcheur : un œuf du jour flottera sur le côté. Conservez les œufs au réfrigérateur, mais ramenez-les à la température ambiante avant de préparer la pâte.

ŒUF FRAIS

13 L'HUILE D'OLIVE

L'huile d'olive est le partenaire naturel des pâtes – que ce soit en condiment ou dans les marinades et les sauces. Choisissez une huile non raffinée, de première pression à froid. L'appellation « Extra-vierge » correspond à la meilleure huile européenne.

HUILE D'OLIVE DE QUALITÉ

14 LES HERBES ET AROMATES

Les herbes fraîches ont meilleur goût.
Si vous achetez des herbes séchées,
préférez-les entières plutôt que
hachées. Utilisez les herbes sèches
avec parcimonie : leur goût est plus
fort que celui des herbes fraîches.

PERSIL
*Le persil sert à la fois
d'aromate et de garniture.*

BASILIC
*Le goût poivré du basilic
convient bien aux plats à
base de tomate.*

SAUGE
*Améliorez vos sauces avec le
parfum subtil de feuilles de
sauge fraîches hachées.*

THYM
*Utilisez des brins ou des
feuilles frais ou secs pour un
assaisonnement âcre et
piquant. Retirez les brins
avant de servir.*

ORIGAN ▷
*Avec une saveur poivrée qui
est bien conservée sous la
forme sèche, l'origan est
souvent utilisé pour
aromatiser les sauces, et dans
bien d'autres plats italiens.*

◁ MARJOLAINE
*La marjolaine est une plante
parente de l'origan, mais
possède un arôme plus délicat.
A utiliser de préférence fraîche.*

15 LES ÉPICES

Achetez des épices entières et conservez-les dans des récipients bien fermés. Ne râpez ou ne hachez que la quantité nécessaire. Choisissez des épices qui complètent les autres ingrédients du plat.

GRAINS DE GENIÈVRE
Utilisez-les frais ou secs pour aromatiser la viande ou les plats de légumes.

NOIX DE MUSCADE
Une petite noix de muscade fraîchement râpée apporte une saveur particulière aux sauces à base de lait.

SEL
Salez avec précaution, selon votre convenance personnelle.

POIVRE NOIR
Le poivre noir est plus fort que le poivre blanc.

SAFRAN
Le safran, disponible en brins ou en poudre, apporte de la couleur et du goût.

16 L'AIL ET LES OIGNONS

L'ail et les oignons ont un goût différent selon leur variété : l'ail à peau rouge et les oignons jaunes courants ont le goût le plus fort. Faites revenir l'ail avec précaution, car il brûle facilement et devient âcre.

△ **AIL**
Achetez des têtes d'ail fermes et fraîches.

▽ **OIGNONS**
Choisissez des bulbes fermes et secs, sans taches noires ou poudreuses.

17 LES TOMATES

La tomate, fraîche ou sous l'une de ses nombreuses formes en conserve, est souvent un ingrédient essentiel des recettes à base de pâtes. Les tomates cultivées en extérieur et mûries au soleil sont les meilleures.

TOMATE COURANTE
À servir crue en salade ou comme garniture. On peut aussi les peler, en ôter les pépins et les découper pour des soupes et des sauces.

OLIVETTE
Les olivettes ont peu de graines et une saveur excellente.

TOMATES-CERISES
Servez ces petites tomates au goût prononcé entières, pour colorer une garniture de pâtes.

CONCENTRÉ EN TUBE
Un tube de concentré de tomate est utile, car on peut le refermer après en avoir prélevé une petite quantité.

TOMATES SÉCHÉES AU SOLEIL
Existent sèches ou conservées dans l'huile ; une petite quantité ajoute un goût particulier.

COULIS DE TOMATES EN BOÎTE
À passer au chinois pour préparer une sauce.

TOMATES ENTIÈRES EN BOÎTE
Les meilleures olivettes sont de San Marzano, en Italie.

CONCENTRÉ DE TOMATES EN BOÎTE
Pour un meilleur goût, utilisez du double concentré.

18 LES OLIVES ET LES CÂPRES

Pour une simple sauce, mélangez de la purée d'olives à un peu d'huile. Une sauce plus élaborée combine des anchois, des olives et des câpres (*voir p. 45*).

OLIVES VERTES

OLIVES NOIRES

CÂPRES
Ajoutez les câpres vers la fin de la cuisson, car la chaleur intensifie leur saveur et leur salinité.

CÂPRES CONSERVÉES AU VINAIGRE

CÂPRES SALÉES

OLIVES
Les olives préparées au vinaigre ou à l'huile peuvent être conservées à température ambiante, mais conservez au réfrigérateur les boîtes ouvertes.

19 LES ÉPINARDS

Il est utile de toujours avoir sous la main des épinards hachés surgelés. On les utilise pour colorer ou donner du goût à des pâtes faites maison, pour les pasta verde, ou en mélange avec de la riccotta (fromage) pour préparer une délicieuse garniture. Qu'il s'agisse d'épinards frais ou surgelés, égouttez-les et essorez-les bien après la cuisson pour leur enlever toute leur humidité.

20 LES PIGNONS DE PIN

Faites légèrement griller les pignons de pin pour souligner la douceur de leur goût. Utilisez-les entiers ou moulus, comme dans le pistou, la fameuse sauce italienne à base de basilic.

PIGNONS DE PIN

21 LE VINAIGRE BALSAMIQUE

Le véritable vinaigre balsamique, vieilli pendant de nombreuses années, coûte très cher. Pour des sauces et des salades, recherchez plutôt un équivalent meilleur marché et plus jeune, mais riche en goût.

VINAIGRE BALSAMIQUE

22 LE JAMBON ET LE LARD

De nombreuses recettes de pâtes font appel au jambon ou au lard. Ils sont souvent découpés en dés ou en fines lamelles, puis sautés, pour ajouter du goût et de la texture aux sauces. Parmi les nombreux jambons italiens, comment ne pas citer le jambon de Parme ? La pancetta est une autre spécialité régionale italienne, sorte de bacon séché comme du jambon. Si vous ne trouvez pas de pancetta, utilisez un lard fumé maigre de bonne qualité.

23 LES FROMAGES

Achetez les fromages à pâte ferme, comme le parmesan, de préférence à la coupe plutôt que sous cellophane. Emballez le fromage dans du papier et conservez-le au réfrigérateur. Les fromages frais se conservent au réfrigérateur dans un récipient étanche à l'air.

◁ MOZZARELLA
Ce fromage doux et crémeux peut être fondu en garniture. Dans la saumure, il se conserve au réfrigérateur pendant 2-3 jours.

△ PECORINO ROMANO
Fromage à pâte ferme au lait de brebis. Similaire au parmesan, mais avec un goût plus fort.

△ RICOTTA
Utilisée fréquemment pour des garnitures de pâtes, la ricotta est un fromage frais délicat et crémeux.

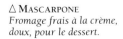

△ FONTINA
Fromage à pâte semi-ferme et au goût fumé. Fond facilement dans les sauces.

△ GORGONZOLA
Fromage bleu italien au goût marqué.

△ MASCARPONE
Fromage frais à la crème, doux, pour le dessert.

PARMIGIANO △
REGGIANO
Fromage à pâte ferme et granuleuse, c'est le véritable parmesan.

Préparation des Pâtes Fraîches

24 Les Pâtes aux œufs frais

Pour 500 g de pâtes

Ingrédients
300 g de farine
3 œufs
15 ml d'huile

1 ▷ Formez un monticule de farine, ajoutez les œufs, l'huile et une pincée de sel.

2 ▷ Avec le bout des doigts, mélangez en ajoutant progressivement la farine pour former la pâte ; rajoutez de la farine si la pâte reste collante.

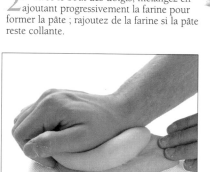

3 Formez une boule et malaxez ensuite la pâte sur une surface farinée jusqu'à ce qu'elle soit lisse et élastique.

4 Formez une boule, couvrez-la avec un bol et laissez reposer une heure à température ambiante avant d'étaler au rouleau.

25 MÉLANGE AU ROBOT

Mettez la farine, l'huile et le sel (*voir p. 20 pour les quantités*) dans le robot ; ajoutez les œufs un par un, en faisant fonctionner le robot brièvement entre deux œufs. Faites tourner jusqu'à ce que la pâte soit bien mélangée, puis formez une boule.

AJOUTEZ LES ŒUFS À LA FARINE

26 AJOUTER DES SAVEURS

Pour des pasta verde, ajoutez, par œuf, 75 g d'épinards hachés, cuits, égouttés et essorés ; pour des pâtes à la tomate, ajoutez une cuillerée à soupe de concentré par œuf. Ajoutez les assaisonnements au mélange farine et œufs.

PASTA VERDE

AJOUTEZ LES ÉPINARDS AUX ŒUFS

27 LES PÂTES COLORÉES

Ajoutez les ingrédients suggérés ci-dessous pour colorer votre pâte (ils n'ont que peu d'effet sur le goût). Vous devrez peut-être ajouter de la farine pour absorber l'humidité supplémentaire.

SAFRAN
Pour une chaude couleur dorée, ajoutez aux œufs une grosse pincée de poudre de safran.

BETTERAVE
1 c. à s. de purée de betterave cuite par œuf suffit à colorer la pâte en rose.

BASILIC
Hachez 2 c. à s. de feuilles de basilic frais. Mélangez-le à la farine avec les œufs.

CHAMPIGNONS
Faites cuire légèrement 250 g de champignons ; réduisez en purée ; ajoutez à la farine avec les œufs.

28 ROULEAU TRADITIONNEL

Les cuisiniers italiens utilisent un rouleau long et mince sans poignées. La longueur supplémentaire est utile, car la pâte couvre une grande surface une fois étalée.

ÉTALER À LA MAIN
Ce rouleau traditionnel fait 80 cm de long.

29 ÉTALER LA PÂTE À LA MAIN

Après le temps de repos et avant de commencer à étaler, malaxez brièvement la pâte sur une surface farinée

pour éliminer l'humidité présente à la surface. Reformez une boule de pâte avec les mains.

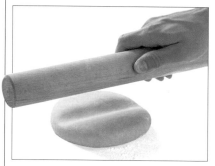

1 Saupoudrez de farine le plan de travail. Placez la boule de pâte au milieu et aplatissez-la légèrement avec le rouleau. Commencez à étaler la pâte, en la tournant et en la déplaçant régulièrement pour l'empêcher de coller.

2 Continuez à étaler en repoussant la pâte et pas l'inverse, en n'étalant que dans une seule direction. Saupoudrez bien de farine le rouleau et le plan de travail pendant que vous travaillez la pâte.

3 Exercez une pression constante sur le rouleau et continuez jusqu'à ce que la pâte soit presque transparente. Si le rouleau n'est pas assez long, divisez la pâte, étalez chaque partie séparément et conservez les autres emballées dans du film transparent.

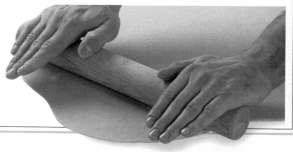

30 MACHINE À ÉTALER

Une machine à pâtes malaxe progressivement la pâte pendant qu'elle l'étale ; il n'est donc pas nécessaire de malaxer à la main.

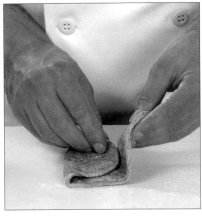

1 Divisez la pâte en trois ou quatre portions, saupoudrez dessus un peu de farine ; réglez les rouleaux de la machine au plus fort écartement et faites passer un morceau de pâte.

2 Pliez la bande en tiers ou en quart pour former un carré, refaites passer dans la machine. Répétez l'opération de pliage et de passage jusqu'à ce que la pâte soit lisse.

3 Resserrez les rouleaux d'un cran et faites de nouveau passer la pâte. Procédez de la sorte en rapprochant les rouleaux d'un cran à chaque fois, pour finir avec l'écartement le plus faible. Étalez un peu de farine sur la pâte si elle devient collante. Recommencez l'opération avec les autres portions de pâte.

31 SÉCHAGE DE LA PÂTE

Une fois la pâte étalée aussi finement que possible, suspendez les morceaux sur un manche à balai posé entre deux chaises, ou sur le bord d'une surface de travail. Laissez la pâte sécher jusqu'à ce qu'elle prenne l'aspect du cuir, soit 5 à 10 minutes, avant de la découper à la forme désirée.

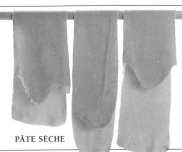

PÂTE SÈCHE

DÉCOUPER ET GARNIR LES PÂTES

32 DÉCOUPE À LA MACHINE

La découpe ne peut se faire en machine que si la pâte a été étalée à la machine. Mettez en place les lames, réglez la largeur et faites passer chaque bande de pâte dans la machine.

SÉCHER LES PÂTES
Laissez sécher les pâtes pendant 1 à 2 heures avant de les cuire ou de les stocker.

33 OUTILS DE DÉCOUPE

Une roulette de pâtissier convient parfaitement pour découper et refermer des pâtes garnies, ou pour découper des rubans, alors que des moules à biscuits sont l'idéal pour découper des cercles de pâtes avant de les garnir. Un couteau de cuisine bien affûté est également utile.

MOULES EMPORTE-PIÈCE

ROULETTE DE PÂTISSIER

COUTEAU DE CUISINE

34 DÉCOUPE DES RUBANS À LA MAIN

Saupoudrez de la farine sur la pâte étalée, puis passez légèrement le rouleau. Au couteau, coupez des rubans de la largeur voulue : pour les fettuccine par exemple, environ 5 mm de large.

Détachez les rubans avec précaution et saupoudrez de farine. Posez-les à plat ou légèrement enroulés sur un linge enduit de farine, et laissez sécher pendant 1 à 2 heures.

DÉCOUPER LES RUBANS À LA LARGEUR DÉSIRÉE

35 DÉCOUPER DES BANDES PLATES

La pâte étalée ayant un peu séché, découpez-la avec un long couteau bien tranchant. Pour les cannelloni, préparez des rectangles de 7,5 x 15 cm. Pour les lasagnes, découpez des bandes de 5 cm de large suffisamment longues pour remplir votre plat à gratin. Saupoudrez de farine et laissez sécher pendant 1 à 2 heures.

DÉCOUPE DE LA PÂTE

36 GARNIR DES PÂTES AVEC UNE DOUILLE

Remplissez la poche à douille à la cuiller et appuyez pour chasser l'air. Tordez l'extrémité et tenez la poche fermement avec une main, puis pressez doucement avec l'autre main, en haut de la poche, pour faire sortir la garniture.

PRESSER DOUCEMENT

37 PÂTES GARNIES REPLIÉES

Pour les pâtes garnies repliées sur elles-mêmes, étalez la pâte aussi finement que possible. Placez la garniture au centre de chaque rond ou carré, repliez et pincez les bords pour fermer. Laissez sécher 1 à 2 heures.

1 Pour les tortellini, découpez des ronds de pâte de 5 cm. Placez ensuite de la garniture au centre de chaque rond.

2 Humectez les bords ; repliez en deux et fermez les bords. Recourbez autour des doigts, puis pincez les extrémités entre elles.

PANSOTI & CAPPELLETTI
Tous deux sont des carrés garnis et repliés ; les cappelletti sont ensuite refermés en forme de chapeau.

38 PÂTES GARNIES EN SANDWICH

Dans cette forme de pâte garnie, la garniture est prise en sandwich entre deux couches de pâte, qui sont ensuite découpées en carrés ou en cercles. Étalez la pâte aussi finement que possible – pas plus de 1,5 mm d'épaisseur.

PETITS RAVIOLI

GRANDS RAVIOLI

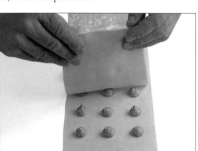

1 Découpez la pâte pour former deux rectangles égaux ; humectez la surface d'une feuille avec un peu d'eau. Placez de petits monticules de garniture sur la pâte, espacés de 4 cm.

2 Placez la deuxième couche sur la première. Appuyez sur les monticules avec un tube enduit de farine pour enfermer la garniture. Appuyez avec les doigts autour des monticules pour sceller les deux couches.

3 Avec une roulette de pâtissier cannelée, ou un couteau, coupez entre les monticules en carrés de même taille. Laissez sécher sur un linge.

PÂTES FRAÎCHES GARNIES
Après séchage pendant 1 à 2 heures, faites cuire les pâtes fraîches garnies, ou conservez-les au réfrigérateur pour les cuire le lendemain.

CUISINER ET SERVIR LES PÂTES

39 LES QUANTITÉS À PRÉVOIR

En entrée ou en accompagnement, 500 g de pâtes fraîches ou sèches nourriront 6 à 8 personnes, mais seulement 4 en plat principal ; réduisez la quantité si la sauce est riche. Les pâtes garnies ou en couches préparées à partir de pâtes sèches du commerce sont plus lourdes que les pâtes fraîches ; servez donc des parts plus réduites. Ceci vaut également pour les pâtes au blé complet, plus nourrissantes que celles à la farine blanche.

40 TAILLE DES CASSEROLES

Utilisez des grandes casseroles car les pâtes doivent toujours cuire dans une grande quantité d'eau.

CHOISIR LA
BONNE
CASSEROLE

41 QUANTITÉ D'EAU
N'oubliez pas de saler l'eau

Pâtes	Eau
250 g	3 litres
500 g	5 litres
750 g	6 litres

42 CUIRE À ÉBULLITION

Les pâtes doivent être cuites dans de l'eau à forte ébullition. Faites bouillir l'eau avant d'ajouter les pâtes ; couvrez la casserole jusqu'à ce que l'eau revienne à ébullition, puis enlevez le couvercle.

REMUEZ POUR QUE LES PÂTES N'ATTACHENT PAS

27

43 JETER LES PÂTES DANS L'EAU

Lorsque l'eau bout, salez, puis ajoutez les pâtes. Remuez immédiatement pour les empêcher de coller à la casserole ou entre elles, et pour vous assurer qu'elles sont entièrement immergées.

◁ **PÂTES LONGUES**
Laissez les brins allongés s'affaisser dans l'eau en se ramollissant ; ne les brisez pas.

PÂTES FAITES ▷
MAISON
Utilisez le linge sur lequel elles séchaient pour laisser tomber les pâtes dans l'eau bouillante.

44 LE PANIER À PÂTES

Préparez les petites pâtes dans un panier immergé dans la casserole d'eau bouillante. Une fois les pâtes cuites, il suffit de retirer le panier.

CUISSON DES PETITES PÂTES

45 EST-CE PRÊT ?

Laissez cuire les pâtes jusqu'à ce qu'elles soient légèrement résistantes sous l'ongle, ou fermes sous la dent (*al dente*), le centre ne devant pas être dur ni le goût encore cru.

TESTEZ AVEC L'ONGLE

46 ÉGOUTTER ET RINCER

Dès que les pâtes sont cuites, égouttez-les et rincez-les, avec de l'eau chaude si vous voulez les servir chaudes, ou de l'eau froide pour les déguster en salade ou dans un plat au four.

ÉGOUTTEZ DANS UNE PASSOIRE

47 SERVIR CHAUD

Les pâtes refroidissent très rapidement ; pensez à réchauffer le plat de service ou les assiettes, pour être prêt à servir les pâtes dès qu'elles seront cuites et égouttées.

SERVEZ DANS UN PLAT CHAUD

48 MÉLANGER RAPIDEMENT

Mélangez les pâtes chaudes avec la sauce préparée ou la garniture dès que les pâtes sont prêtes. Ne laissez pas reposer les pâtes, elles risqueraient de coller.

RECOUVREZ DE SAUCE

49 PÂTES À LA POÊLE

Faites griller à la poêle des pâtes aux œufs fraîches non cuites (notamment les brins) dans de l'huile chaude, puis servez avec une sauce. En variante, mélangez des pâtes cuites avec des œufs battus et passez à la poêle sous forme d'une crêpe plate.

50 CONGÉLATION

Les spécialités orientales garnies, comme les wontons et les rouleaux aux œufs, doivent souvent frire. Vous pouvez utiliser la même technique pour des pâtes italiennes garnies, comme les cannelloni ou les ravioli. Faites cuire par fournées jusqu'à une belle couleur dorée. Égouttez sur un essuie-tout.

51 POUR QUE LES PÂTES NE COLLENT PAS

Les pâtes ont tendance à coller au plat pendant la cuisson au four. Pour y remédier enduisez-le d'un peu d'huile ou de beurre fondu. Si la recette comprend une sauce, passez-en sur les bords du plat avant d'ajouter les pâtes.

HUILEZ LE PLAT À FOUR

52 POUR ÉVITER AUX PÂTES DE SE DESSÉCHER

Pour éviter la formation d'une croûte sèche à la cuisson au four, étalez une bonne couche de sauce sur le dessus, en recouvrant bien les pâtes. Vous pouvez aussi recouvrir le plat avec une feuille de papier d'aluminium.

RECOUVREZ DE SAUCE
Ici, une couche de sauce à la tomate et à la crème empêchera les pâtes de sécher pendant la cuisson.

53 LE PARMESAN

Le fromage de parmigiano-reggiano, plus connu sous le nom de parmesan, est le complément parfait de nombreux plats de pâtes. Utilisez-le pour aromatiser vos sauces et garnitures, et râpez-en sur le dessus d'un plat passé au four. Le parmesan est relativement cher, de petites quantités suffisent.

PRÉFÉREZ DU FRAIS
Le parmesan fraîchement râpé est de loin supérieur aux produits tout prêts en sachets.

54 LA DÉCORATION

Choisissez une décoration qui complétera le goût et embellira votre plat. Les décorations typiques pour les plats de pâtes sont le basilic et le persil (haché ou entier), des morceaux de parmesan, des olives, des câpres, et des moules ou des clams.

OLIVES EN TRANCHES

PERSIL

BASILIC

TOMATES-CERISES

◁ **DÉCORATIONS COMPLÉMENTAIRES**
Les zestes de citron finement râpés rappellent la sauce au citron du plat, tandis que les tranches d'oignon vert apportent un contraste de couleurs.

55 COMMENT MANGER LES PÂTES LONGUES

Il est possible de manger les pâtes longues en toute élégance grâce à une technique très simple :

■ Piquez quelques brins avec le bout de la fourchette.

■ Maintenez la fourchette contre le bord de l'assiette, ou à l'intérieur d'une cuiller tenue dans l'autre main.

■ Tournez la fourchette jusqu'à ce que les brins soient tous enroulés sur elle.

ENROULEZ LES SPAGHETTI SUR UNE FOURCHETTE

SOUPES ET SALADES AUX PÂTES

56 SOUPE MINESTRONE

Pour 6 à 8 personnes en entrée ou plat léger

Ingrédients

*100 g de haricots blancs,
trempés pendant la nuit*

2 carottes coupées en dés

2 oignons coupés en dés

*4 branches de céleri coupées
en morceaux*

4 c. à s. d'huile d'olive

*3 litres de bouillon de poulet
ou de légumes*

1 feuille de laurier

2 poireaux

*12 haricots verts,
en morceaux*

1 gousse d'ail écrasée

Sel et poivre

*1 petit chou-fleur,
découpé en fleurettes*

100 g de ditalini

*2 courgettes
coupées en morceaux*

*3 tomates pelées, épépinées et
hachées*

*2 c. à s. de basilic ou
de persil frais haché*

100 g de parmesan râpé

■ Faites mijoter les haricots blancs jusqu'à ce qu'ils soient tendres, soit environ 2 heures. Arrêtez la cuisson et laissez dans le liquide.

■ Faites revenir les carottes, les oignons et le céleri dans l'huile d'olive. Ajoutez le bouillon de légume ou de poulet, le laurier et les haricots blancs avec leur jus, puis portez à ébullition. Ajoutez les poireaux tranchés, les haricots verts, l'ail, le sel et le poivre. Couvrez et laissez mijoter pendant 5 minutes. Ajoutez le chou-fleur et les ditalini ; laissez cuire jusqu'à ce que les pâtes soient *al dente*, environ 10 minutes. Ajoutez les courgettes et les tomates et laissez mijoter environ 5 minutes.

■ Retirez la feuille de laurier, ajoutez le basilic ou le persil haché en remuant. Servez avec du parmesan.

57 SOUPE DE LÉGUMES AUX PÂTES

Pour 6 à 8 personnes en entrée ou plat léger

Ingrédients

500 g de poireaux

150 g de navets coupés en dés

200 g des carottes coupées en dés

3 côtes de céleri coupées en dés

1/2 chou blanc, coupé en tranches fines

125 g de haricots verts émincés

2 gousses d'ail hachées

2,5 litres de bouillon de poulet

1 bouquet garni

Sel et poivre

200 g de courgettes, coupées en dés

200 g de tomates pelées, épépinées et hachées

100 g de vermicelle

■ Lavez les poireaux ; coupez-les en deux dans la longueur, puis lavez-les soigneusement à l'eau froide pour éliminer toute trace de terre. Avec un couteau tranchant, coupez chaque poireau en petits morceaux.

■ Placez les poireaux, les navets, les carottes, le céleri, le chou, les haricots et l'ail haché dans une grande casserole.

■ Ajoutez le bouillon de poulet, le bouquet garni, le sel et le poivre. Portez à ébullition et laissez ensuite mijoter pendant 30 minutes. Ajoutez les courgettes et les tomates et laissez mijoter à point, environ 25 minutes de plus.

■ Ajoutez le vermicelle en remuant, et laissez mijoter jusqu'à ce que les pâtes soient juste tendres, soit 4 à 5 minutes.

SERVICE
La soupe est servie ici avec des croûtons parfumés à la tomate.

58 SALADE DE FUSILLI AU PISTOU

Pour 6 à 8 personnes en entrée

Ingrédients

60 g de basilic frais
6 gousses d'ail
45 g de pignons de pin
125 g de parmesan râpé
175 ml d'huile d'olive
Sel et poivre
500 g de fusilli

1 Détachez les feuilles de basilic de leurs tiges, en gardant quelques branches pour la garniture. Rincez et séchez avec un linge. Mettez dans le robot avec l'ail, les pignons de pin et le parmesan.

2 Ajoutez 50 ml d'huile d'olive et mettez le robot en marche jusqu'à obtenir une consistance lisse. Raclez les bords du bol si nécessaire.

Service
Servez les fusilli imprégnés de sauce dans les assiettes, avec les branches de basilic mises de côté. Ici, des tomates-cerises ajoutent de la brillance et du contraste.

3 Pendant que la lame tourne, ajoutez le reste d'huile, en versant doucement, pour que la sauce émulsionne. Une fois toute l'huile ajoutée, raclez les bords du bol et recommencez brièvement l'opération. Salez et poivrez à votre convenance et transvasez dans le saladier. Faites cuire les fusilli *al dente* dans de l'eau bouillante salée. Égouttez.

4 Rincez les fusilli à l'eau froide et égouttez-les soigneusement. Ajoutez-les à la sauce dans le saladier et mélangez jusqu'à ce que les pâtes soient bien imprégnées de sauce.

59 SALADE DE PÂTES CHAUDES AU PERSIL

Pour 6 personnes en entrée

Ingrédients

Pâte fraîche
225 g de farine
2 œufs entiers et 1 jaune d'œuf
2 c. à s. d'eau
1 c. à c. de sel

—

1 bouquet moyen de persil plat
Brins de persil plat, hachés
4 c. à c. de vinaigre rouge
2,5 c. à s. de crème aigre
1 gousse d'ail, hachée
2 échalotes, hachées
Sel et poivre
4 c. à s. d'huile végétale
2 œufs cuits durs coupés en rondelles

1 Préparez la pâte *(voir p. 20)* sans huile mais en ajoutant le jaune d'œuf et l'eau à la place d'un œuf. Malaxez jusqu'à ce que la pâte soit lisse et élastique. Étalez en bandes de 13 cm. Humectez d'eau la moitié de chaque bande de pâte.

2 Détachez les feuilles de persil plat. Placez les feuilles en rangées à 2,5 cm de distance, sur la moitié humectée de la bande de pâte ; repliez l'autre moitié par-dessus. Étalez doucement au rouleau pour sceller les deux couches l'une à l'autre. Recommencez avec les autres bandes de pâte.

3 À la roulette de pâtissier ou au couteau, coupez la pâte entre les feuilles de persil, en carrés de 2,5 cm. Placez les carrés sur le linge enduit de farine, saupoudrez un peu de farine. Laissez sécher 1 à 2 heures.

4 Hachez le persil, en en mettant un peu de côté pour la décoration ; battez le vinaigre, la crème, l'ail, les échalotes, le persil, le sel et le poivre, jusqu'à obtenir un léger épaississement. Ajoutez l'huile peu à peu.

5 Faites cuire les carrés de pâte dans de l'eau bouillante salée, jusqu'à ce qu'ils soient tendres mais légèrement élastiques. Égouttez. Ajoutez à la sauce et mélangez doucement.

SERVICE
Décorez avec une rondelle d'œuf dur et une branche de persil.

60 SALADE NIÇOISE DE PÂTES AU THON FRAIS

Pour 6 personnes en plat principal

Ingrédients

Marinade et sauce

8 filets d'anchois, hachés

1 brin de thym frais, haché

2 gousses d'ail, hachées

4 c. à s. de jus de citron

1 c. à s. de vinaigre balsamique

1 c. à s. de moutarde de Dijon

Poivre noir

250 ml d'huile d'olive

━━

*1 kg de steak de thon frais, sans la peau,
découpé en cubes de 2,5 cm de côté*

750 g de haricots verts

500 g de farfalle

500 g de tomates-cerises

1 La marinade : mélangez les anchois, le thym et l'ail dans un bol. Ajoutez le jus de citron, le vinaigre, la moutarde et le poivre noir. Battez vigoureusement. Ajoutez lentement l'huile d'olive, en remuant jusqu'à émulsionner le mélange.

2 ▽ Enfilez les cubes de thon sur des brochettes et placez-les sur une grande plaque. Versez environ 5 c. à s. de marinade sur les brochettes et couvrez avec un film plastique alimentaire. Laissez mariner au réfrigérateur environ 1 heure, en tournant les brochettes de temps à autre.

3 △ Rincez les haricots verts et faites-les cuire dans de l'eau bouillante salée, jusqu'à ce qu'ils deviennent tendres, mais encore fermes. Égouttez, rincez à l'eau froide. Mettez-les dans un saladier avec 5 c. à s. de sauce.

4 Remuez les haricots verts avec la sauce ; mettez de côté. Faites cuire les farfalle, rincez-les à l'eau froide. Mettez-les dans un saladier avec 5 c. à s. de sauce et mélangez.

5 Faites griller les brochettes 2 minutes ; tournez et enduisez de sauce, puis grillez de nouveau 2 minutes. Disposez sur un plat avec les farfalle, les tomates-cerises et les haricots.

SERVICE
Versez le restant de sauce sur chaque assiette. Si vous le désirez, décorez avec des olives.

61 SALADE DE NOUILLES ASIATIQUES

Pour 4 personnes en plat principal

Ingrédients

Sauce au soja et aux épices
1 morceau de 2 cm de racine de gingembre
2 piments verts frais
2 gousses d'ail, pelées et hachées
2 c. à s. de sucre
4 c. à s. de vinaigre d'alcool de riz
125 ml de sauce au soja
4 c. à s. d'huile d'arachide
2 c. à s. d'huile de sésame

—

225 g de fines nouilles aux œufs
200 g de pois mangetout découpés
4 oignons de printemps
75 g de cacahuètes grillées non salées
Petit bouquet de coriandre frais
375 g de crevettes cuites
Sel et poivre

■ Préparation de la sauce : pelez, coupez et écrasez la racine de gingembre. Enlevez les graines des piments et découpez ceux-ci. Mettez dans un bol avec l'ail, le sucre et le vinaigre. Ajoutez la sauce au soja, puis l'huile d'arachide et l'huile de sésame, et battez jusqu'à épaississement. Vérifiez l'assaisonnement.

■ Faites cuire les nouilles dans de l'eau bouillante salée, jusqu'à ce qu'elles soient tendres mais un peu élastiques (4 à 6 minutes), en remuant de temps à autre. Égouttez les nouilles, rincez à l'eau chaude et égouttez de nouveau soigneusement.

■ Placez les nouilles dans un grand saladier et versez la sauce par-dessus. Mélangez bien, puis laissez reposer pendant au moins 1 heure.

■ Faites cuire les pois mangetout dans de l'eau bouillante salée pendant 2-3 minutes, pour qu'ils soient tendres et craquants à la fois. Égouttez, rincez à l'eau froide et égouttez de nouveau. Coupez chaque pois en 2 ou 3 morceaux.

■ Émincez les oignons finement, avec quelques pousses vertes. Hachez grossièrement les cacahuètes. Détachez des feuilles de coriandre de la tige et hachez-les grossièrement.

■ Ajoutez aux nouilles les pois, les oignons émincés, deux tiers des cacahuètes et de la coriandre, et toutes les crevettes. Mélangez soigneusement et assaisonnez à votre convenance.

SERVICE
Décorez la salade avec le reste de cacahuètes et de coriandre hachée.

LES SAUCES

62 SAUCE BÉCHAMEL

Pour 250 ml de sauce

Ingrédients
250 ml de lait
20 g de beurre
20 g de farine
Noix de muscade râpée
Sel et poivre blanc

Portez le lait à ébullition dans une saucière. Mettez de côté. Dans une casserole, faites fondre le beurre. Ajoutez la farine et faites cuire jusqu'à apparition de mousse, environ 1 minute. Retirez la casserole du feu et laissez refroidir légèrement. Passez le lait dans un chinois et ajoutez-le dans la casserole, en remuant continuellement. Réchauffez la sauce jusqu'à ébullition, en remuant jusqu'à ce qu'elle épaississe. Assaisonnez à votre goût, avec de la noix de muscade, du sel et du poivre et laissez mijoter encore 2 minutes.

63 SAUCE AUX TOMATES FRAÎCHES

Pour 375 ml de sauce

Ingrédients
45 ml d'huile végétale
2 oignons de taille moyenne, finement hachés
1 kg de tomates
3 gousses d'ail, hachées
2 c. à s. de coulis de tomate
1 c. à c. de sucre
1 bouquet garni
Sel et poivre

1 Faites chauffer l'huile dans une grande casserole ; faites revenir les oignons jusqu'à ce qu'ils brunissent. Ajoutez les tomates, l'ail, le coulis, le sucre et le bouquet garni.

2 Laissez mijoter le mélange pour qu'il devienne assez épais, pendant 12 à 15 minutes. Passez au chinois, en appuyant avec une petite spatule pour extraire toute la pulpe de tomate. Salez et poivrez à votre convenance.

64 PISTOU

Pour 500 g de pâtes

Ingrédients

*50 g de feuilles de basilic, lavées,
séchées et hachées*

6 gousses d'ail, pelées

40 g de pignons de pin

125 g de parmesan râpé

175 ml d'huile d'olive

Sel et poivre

1 Placez le basilic haché, l'ail, les pignons de pin et le parmesan dans un mortier. Malaxez au pilon pour mélanger.

2 Lorsque le mélange de basilic et de parmesan forme une purée, ajoutez peu à peu l'huile d'olive. Malaxez jusqu'à ce que l'huile soit incorporée et la sauce bien homogène.

3 Avant de servir, salez et poivrez à votre goût. (On peut également préparer la sauce dans un robot, en ajoutant l'huile alors que la lame tourne).

65 CONGELER LA SAUCE AU PISTOU

Le pistou se congèle bien, sans perdre son goût ni sa couleur. Préparez des quantités doubles ou triples de la recette. Congelez le surplus dans un bac à glaçons, pour pouvoir servir des parts individuelles. Pour un repas rapide, mélangez une portion à des spaghetti chauds, ou ajoutez-en à un potage de légumes pour en relever le goût.

66 CARBONARA

Pour 500 g de pâtes

Ingrédients

30 g de beurre

2 gousses d'ail, pelées et hachées

250 g de pancetta en tranches ou de lard fumé, découpé en lamelles

3 c. à s. de vin blanc sec

4 œufs

125 ml de crème fraîche (facultatif)

90 g de parmesan râpé

Sel et poivre

Brins de persil

■ Faites fondre le beurre dans une poêle, faites revenir doucement l'ail et les tranches de pancetta ou de lard pendant 1 à 2 minutes. Ajoutez le vin blanc et prolongez la cuisson jusqu'à ce qu'il ait réduit de moitié. Retirez la poêle du feu et gardez le mélange au chaud.

SERVICE
Ici avec des fettuccine, saupoudrées de poivre noir fraîchement râpé.

ŒUFS FRAIS

■ Mettez les œufs, la crème fraîche (éventuellement) et le parmesan dans un grand bol. Salez et poivrez légèrement et battez vigoureusement à la fourchette. Hachez finement les brins de persil.
■ Ajoutez les pâtes chaudes au mélange de parmesan et d'œufs et remuez rapidement. Ajoutez le mélange de pancetta et de persil haché. Mélangez et servez immédiatement dans des assiettes chaudes.

67 COMMENT SERVIR LA CARBONARA

Les œufs dans la sauce carbonara ne sont pas cuits, mais juste légèrement saisis par la chaleur des pâtes. Il est donc essentiel d'ajouter les pâtes dès qu'elles ont été égouttées et rincées à l'eau chaude, puis de nouveau égouttées. Mélangez bien et servez immédiatement dans des assiettes chaudes.

68 ŒUFS ET ANCHOIS
Pour 500 g de pâtes

Ingrédients
4 filets d'anchois
125 g de mozzarella
3 jaunes d'œuf
75 g de beurre coupé en morceaux

Hachez les filets d'anchois et la mozzarella.
Battez légèrement les jaunes d'œuf.
Mélangez aux anchois et au fromage
dans un saladier ou un bol.
Ajoutez le beurre aux pâtes
chaudes.

69 GORGONZOLA
Pour 500 g de pâtes

Ingrédients
125 g de gorgonzola
125 ml de crème fraîche épaisse
30 g de beurre
30 g de parmesan râpé

Émiettez le gorgonzola dans une casserole
contenant la crème fraîche épaisse et le
beurre ; chauffez à feu doux en remuant
doucement. Mélangez au parmesan
fraîchement râpé et ajoutez aux pâtes
chaudes.

70 SAUCE AUX FRUITS DE MER
Pour 500 g de pâtes

Ingrédients
4 c. à s. d'huile d'olive

1 oignon haché

1 carotte hachée

2 gousses d'ail hachées

*125 g de champignons
émincés*

Sel et poivre

3 c. à s. de vin blanc sec

*2 olivettes pelées
et découpées
en morceaux*

*500 g de crevettes
décortiquées*

*1 kg de moules ou de clams,
passés à la vapeur
et ouverts ;
conserver le bouillon
de cuisson*

3 c. à s. de persil haché

■ Faites chauffer
l'huile d'olive dans
une sauteuse et
faites revenir
oignon et carotte
pour les ramollir. Ajoutez
les gousses d'ail, les champignons,
du sel et du poivre à votre convenance. Mélangez les
ingrédients.

■ Baissez le feu et faites mijoter pour évaporer tout le
liquide, 2 à 3 minutes. Versez le vin et laissez mijoter
4 à 5 minutes pour réduire la sauce. Ajoutez les tomates et
laissez mijoter encore 5 à 7 minutes.

■ Ajoutez les crevettes, laissez mijoter
1 à 2 minutes. Ajoutez les moules
ou les clams avec 250 ml de leur
bouillon de cuisson passé.
Ajoutez le persil haché et
rectifiez l'assaisonnement.

■ Servez avec des
spaghetti.

71 SAUCE TOMATE ET BASILIC
Pour 500 g de pâtes

Ingrédients

Un gros bouquet de basilic frais

1 gousse d'ail

1 kg de grosses tomates mûres

150 ml d'huile d'olive extra-vierge

Sel et poivre

■ Détachez les feuilles de basilic de leurs tiges et hachez-les finement.
Découpez les tomates, sans les peler ni les épépiner.

■ Placez le basilic, l'ail et les tomates dans un saladier et ajoutez l'huile d'olive.
Mélangez bien.
Salez et poivrez.
Servez avec des fettuccine chaudes.

SERVICE
Saupoudrez du parmesan fraîchement râpé sur la sauce à la tomate et au basilic, servie ici avec des fettuccine.

72 SAUCE AUX ANCHOIS ET AUX CÂPRES
Pour 375 g de pâtes

Ingrédients

3 gousses d'ail

1 piment rouge séché

6 filets d'anchois

500 g de tomates

5 c. à s. d'huile d'olive

125 g de grosses olives noires, avec noyaux

câpres (1 c. à s.)

Sel

■ Hachez l'ail finement ; hachez le piment et les anchois ; pelez, épépinez et découpez les tomates.

■ Faites chauffer l'huile dans une poêle et faites revenir l'ail et le piment, jusqu'à ce que l'ail commence à roussir. Ajoutez les anchois et malaxez à la fourchette.

■ Ajoutez tomates, olives et câpres au mélange, et remuez bien. Salez. Laissez mijoter pendant que les pâtes cuisent.

■ Servez avec des spaghetti chauds.

73 SAUCE PIQUANTE À LA TOMATE ET AU LARD

Pour 500 g de pâtes

Ingrédients

1,5 kg d'olivettes

1 piment rouge frais

400 g de champignons

3 à 7 brins d'origan frais

150 g de lard
en tranches épaisses

2 gousses d'ail

Sel et poivre

■ Pelez, épépinez et découpez grossièrement les tomates. Coupez le piment rouge en deux dans le sens de la longueur ; retirez l'intérieur et les parties blanches, et raclez les graines ; découpez en petits dés.

■ Essuyez les champignons à l'essuie-tout et enlevez-en les pieds. Émincez les chapeaux des champignons. Détachez les feuilles d'origan de leurs tiges (gardez-en quelques-unes pour la décoration), et hachez-les finement. Empilez les tranches de lard sur la planche à découper et coupez-les par le travers en larges bandes. Pelez les gousses d'ail et hachez-les finement.

■ Dans une poêle, faites revenir le lard à feu doux, en remuant de temps à autre, jusqu'à ce qu'il brunisse (5 à 7 minutes). Retirez la graisse, en laissant environ 3 cuillerées à soupe pour faire revenir les champignons. Augmentez le feu ; ajoutez les champignons dans la poêle. Laissez cuire jusqu'à ce que les champignons soient mous et que tout le

SERVICE
Saupoudrez chaque assiette de parmesan fraîchement râpé et décorez avec de l'origan.

liquide se soit évaporé, en remuant avec une cuiller en bois pour éviter qu'ils attachent.

■ Ajoutez aux champignons les tomates découpées avec leur jus, ainsi que l'ail, le piment rouge, l'origan, le sel et le poivre. Portez à ébullition, couvrez et laissez mijoter en remuant de temps à autre, jusqu'à ce que la sauce soit épaisse (25 à 30 minutes).

■ Pour épaissir la sauce, laissez-la cuire sans couvercle pendant quelques minutes supplémentaires.

■ Goûtez l'assaisonnement. Versez la sauce sur les pâtes chaudes et mélangez. Servez immédiatement.

74 SAUCE PRIMAVERA

Pour 500 g de pâtes

Ingrédients

2 courgettes de taille moyenne

Sel et poivre

2 carottes de taille moyenne

200 g de petits pois écossés

45 g de beurre

175 ml de crème fraîche épaisse

30 g de parmesan râpé

SERVICE ▽

La sauce primavera est servie ici avec des spaghetti et décorée d'une courgette cuite découpée en éventail.

■ Enlevez les extrémités des courgettes et coupez celles ci en long. Découpez chaque moitié en morceau de 1 cm. Faites-les cuire dans de l'eau bouillante salée jusqu'à ce qu'elles soient juste tendres, soit 2 à 3 minutes. Égouttez, rincez à l'eau froide, puis égouttez de nouveau. Mettez les courgettes de côté.

■ Pelez et ôtez les extrémités des carottes ; coupez-les en morceaux d'une taille similaire à celle des courgettes. Placez-les dans une saucière et couvrez d'eau froide, puis salez et portez à ébullition. Laissez mijoter 8 à 10 minutes jusqu'à ce qu'elles soient justes tendres. Égouttez, rincez avec de l'eau froide, puis égouttez soigneusement. Mettez les carottes de côté.

■ Portez à ébullition une petite casserole d'eau salée. Ajoutez les petits pois et laissez cuire 3 à 8 minutes jusqu'à ce qu'ils soient tendres. Égouttez, rincez avec de l'eau froide, puis égouttez soigneusement. Mettez les petits pois de côté.

■ Faites chauffer du beurre dans une grande poêle ; ajoutez les courgettes, les carottes et les petits pois et faites revenir pendant 1 minute. Ajoutez la crème en mélangeant bien, et laissez chauffer jusqu'à ce que le mélange frémisse. Retirez la poêle du feu, égouttez les pâtes et ajoutez-les au mélange de légumes à la crème. Ajoutez du parmesan frais râpé et mélangez doucement.

75 SAUCE BOLOGNAISE
Pour 500 g de pâtes

Ingrédients

4 c. à s. d'huile végétale
2 oignons, hachés
2 gousses d'ail, hachées
1 carotte de taille moyenne, découpée en dés
400 g d'émincé de bœuf
300 g d'émincé de porc
250 ml de lait
1/3 l de vin blanc sec
1 kg de tomates
1 c. à s. de coulis de tomates
Bouquet garni
Sel et poivre
500 ml d'eau

SERVICE △
La sauce bolognaise est servie habituellement en accompagnement de spaghetti, et saupoudrée de parmesan à volonté.

1 Faites chauffer l'huile dans une poêle, ajoutez les oignons, l'ail et la carotte et faites revenir jusqu'à ramollissement, en secouant fréquemment la poêle. Ajoutez le bœuf et le porc et laissez cuire jusqu'à ce qu'ils perdent leur couleur rosée. Ajoutez le lait, mélangez, laissez évaporer le liquide. Ajoutez le vin blanc et laissez de nouveau mijoter pour qu'il s'évapore.

2 Pelez, épépinez et découpez les tomates en gros morceaux. Ajoutez-les au mélange précédent, avec leur jus. Ajoutez le coulis de tomates, le bouquet garni, du sel et du poivre à votre goût, et l'eau. Laissez mijoter entre 1 h 1/2 et 2 heures, en remuant de temps à autre. Ajoutez un peu d'eau si la sauce commence à attacher. Ôtez le bouquet garni et goûtez l'assaisonnement avant de servir.

76 SAUCE À LA CRÈME ET AU BEURRE
Pour 500 g de pâtes

Ingrédients

60 g de beurre
250 ml de crème fraîche épaisse
60 g de parmesan

■ Dans une grande casserole, faites cuire les pâtes de votre choix dans de l'eau salée bouillante ; dès qu'elles sont prêtes, égouttez-les et remettez-les dans la casserole. Entre-temps, dans une petite casserole, faites fondre le beurre, ajoutez la crème fraîche épaisse jusqu'à frémissement. Versez sur les pâtes chaudes et tournez doucement à feu doux jusqu'à ce que les pâtes soient bien imprégnées de sauce.

■ Ajoutez le parmesan fraîchement râpé, et continuez à mélanger à feu doux, jusqu'à ce que le mélange soit très chaud. Goûtez l'assaisonnement.

■ Servez immédiatement sur des assiettes chaudes.

77 SAUCE BLANCHE AUX CLAMS
Pour 500 g de pâtes

Ingrédients

3,5 kg de clams
1 oignon finement haché
250 ml de vin blanc sec

2 gousses d'ail finement hachées
4 c. à s. d'huile d'olive
Brins de persil hachés
Sel et poivre

SERVICE
*Décorez,
comme ici, avec
des clams dans leurs
coquilles et des brins de persil.*

1 Nettoyez les clams ; mettez-les dans une grande casserole avec les oignons et le vin. Faites cuire jusqu'à ce que les coquilles s'ouvrent ; jetez les clams non ouverts.

2 Enlevez les clams de la casserole, en conservant le liquide. Une fois froids, retirez les clams de leurs coquilles ; conservez quelques coquilles pour la décoration.

3 Faites réduire le bouillon de cuisson des clams à feu vif lorsqu'il ne reste plus que 250 ml, versez le liquide dans un bol en le passant au chinois fin.
Faites revenir l'ail dans l'huile pendant 30 s, en faisant attention à ne pas le brûler ; ajoutez les clams, le persil haché, et le bouillon de cuisson réduit, puis secouez la poêle pour mélanger. Salez et poivrez à votre goût. Servez avec des linguine aux épinards. Décorez avec quelques clams dans leurs coquilles.

78 SAUCE ROUGE AUX CLAMS Pour 500 g de pâtes

Ingrédients
Les mêmes que pour la sauce blanche aux clams
1 kg de tomates

Suivez les étapes 1 et 2 de la recette de la sauce blanche aux clams. Pelez, épépinez et découpez les tomates. Ajoutez-les à l'étape 3, après avoir fait revenir l'ail ; faites mijoter le mélange pour qu'il épaississe, en remuant de temps à autre. Ajoutez les clams, le bouillon de cuisson et le persil.

SERVEZ AVEC DES LINGUINE AUX ÉPINARDS

79 SAUCE À L'HUILE D'OLIVE ET À L'AIL
Pour 500 g de pâtes

Ingrédients

125 ml d'huile d'olive
4 gousses d'ail
Sel et poivre

Hachez finement les gousses d'ail. Faites revenir l'ail dans l'huile d'olive pour le faire roussir, en veillant à ne pas le brûler. Salez et poivrez. Servez avec des pâtes longues et minces, comme des cappellini ou des spaghettini.

80 TROIS FROMAGES
Pour 500 g de pâtes

Ingrédients

125 g de gorgonzola

60 g de parmesan frais râpé

125 g de ricotta

175 ml de crème fraîche épaisse

AJOUTEZ LA RICOTTA

Enlevez la croûte du gorgonzola et découpez-le en petits morceaux. Mettez-les dans une casserole avec la crème, le parmesan et la ricotta. Chauffez doucement, en mélangeant en permanence, jusqu'à ce que les trois fromages aient fondu. Veillez à ne pas chauffer excessivement la sauce.

SERVICE
Ajoutez la crème à des fettuccine fraîches.

81 CHOIX ET CUISSON DES FROMAGES

Les fromages fermes comme le gruyère et le parmesan peuvent résister à des températures plus élevées et constituent donc un bon choix pour la cuisson. Si vous ajoutez du fromage râpé à une sauce, chauffez-la juste pour faire fondre celui-ci : ne faites jamais bouillir ou réchauffer.

PÂTES GARNIES ET PLATS AU FOUR

82 GARNITURE À LA VIANDE

Pour 375 g de pâtes

Ingrédients

45 g de beurre

1 petit oignon finement haché

2 carottes finement hachées

1 botte de céleri finement haché

15 g de champignons séchés, réhydratés et hachés

500 g d'émincé de bœuf

125 ml de marsala

2 c. à s. de coulis de tomate

■ Faites fondre le beurre dans une poêle. Faites revenir les oignons, les carottes et le céleri jusqu'à les ramollir. Ajoutez les champignons (en gardant le liquide) et le bœuf. Faites cuire jusqu'à ce que la viande perde sa couleur rosée, soit 4 à 5 minutes.

■ Ajoutez le marsala au mélange et portez à ébullition. Ajoutez le coulis de tomate, dilué dans une partie du jus des champignons. Mélangez et couvrez. Laissez mijotez pendant 1 heure, en mélangeant de temps à autre. Ajoutez un peu d'eau si le mélange commence à attacher.

■ Laissez refroidir avant d'utiliser comme garniture sur des petites pâtes.

83 GARNITURE AU FROMAGE

Pour 375 g de pâtes

Ingrédients

250 g de ricotta

1 kg d'épinards cuits, séchés et hachés

60 g de beurre

Noix de muscade moulue

Sel et poivre

■ Faites revenir les épinards cuits et hachés dans le beurre. Laissez légèrement refroidir, puis ajoutez la ricotta et une pincée de noix de muscade. Salez et poivrez. Laissez refroidir avant d'utiliser pour garnir des pâtes comme des tortellini ou des lunette.

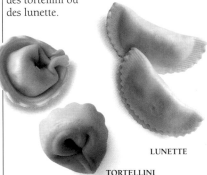

LUNETTE

TORTELLINI

84 ROULEAUX AUX ÉPINARD ET À LA VIANDE

Pour 6 personnes en plat principal

Ingrédients

500 g de pâte aux œufs fraîche
(voir p. 20)

==

Garniture aux épinards

450 g d'épinards en branches surgelés
225 g de fromage de chèvre frais
30 g de beurre
225 g de ricotta
Noix de muscade moulue
2 œufs, légèrement battus
Sel et poivre

Sauce

60 g de beurre
4 c. à s. de crème fraîche épaisse

==

Sauce au poivron rouge

750 g de poivrons rouges
Petit bouquet de basilic frais
2 c. à s. d'huile d'olive
500 g de tomates pelées,
épépinées et découpées
1 gousse d'ail
2 oignons hachés

1 Malaxez et étalez la pâte ; laissez-la sécher jusqu'à ce qu'elle prenne l'aspect du cuir. Découpez la pâte en rectangles de 10 x 20 cm. Placez-les sur un linge ; saupoudrez d'un peu de farine. Laissez sécher 1 à 2 heures. Entre-temps, faites cuire les épinards, égouttez-les soigneusement et essorez-les à la main pour enlever toute l'eau. Avec un couteau, hachez finement les épinards. Émiettez le fromage de chèvre.

2 Faites fondre le beurre dans une poêle ; ajoutez les épinards et faites cuire pour évaporer toute l'humidité. Laissez refroidir légèrement, puis ajoutez la ricotta et le fromage de chèvre, une pincée de noix de muscade, du sel et du poivre. Ajoutez les œufs et mélangez. Faites cuire les rectangles de pâtes dans l'eau bouillante salée jusqu'à ce qu'ils soient juste tendres. Égouttez, placez-les dans un saladier d'eau froide, puis égouttez à nouveau.

3 Réchauffez le four à 190 °C/thermostat 5. Étalez 3 à 4 c. à s. de garniture aux épinards sur chaque rectangle de pâte, en laissant une bordure étroite. Roulez les rectangles et placez-les dans un plat beurré. Pour la sauce, faites fondre le beurre, mélangez avec la crème fraîche épaisse et versez sur les rectangles. Couvrez le plat avec une feuille de papier aluminium beurrée et mettez au four. La cuisson est terminée lorsque, en enfonçant une fourchette dans la pâte au centre du plat, elle ressort chaude, soit au bout de 30 minutes environ.

4 Faites griller les poivrons à environ 10 cm de la source de chaleur, jusqu'à ce que leur peau noircisse et se plisse. Placez-les dans un sac en plastique, et laissez-les refroidir. Enlevez-leur alors la peau et le centre ; coupez chaque poivron en deux et ôtez les graines. Rincez à l'eau froide et séchez avec un linge. Découpez en morceaux. Hachez les feuilles de basilic, en en conservant quelques-unes pour la décoration.

5 Faites chauffer l'huile d'olive dans une poêle ; ajoutez les morceaux de poivrons grillés, les tomates tranchées, l'ail, les pignons et le basilic. Faites cuire en remuant de temps à autre. Mélangez la sauce au robot jusqu'à ce qu'elle soit lisse. Salez et poivrez.

SERVICE
Découpez les rouleaux en diagonale. Étalez de la sauce sur chaque assiette et placez-y les rouleaux. Décorez avec les feuilles de basilic.

85 TORTELLINI AU FROMAGE ET AU SAUMON

Pour 6 à 8 personnes en entrée ou en plat principal

Ingrédients
Garniture
150 g de mozzarella
300 g de ricotta
30 g de parmesan
Noix de muscade moulue
Sel et poivre
1 œuf

Sauce
60 g de beurre
4 c. à s. de crème fraîche épaisse

Sauce au saumon
125 g de saumon fumé
Petit bouquet d'aneth frais
60 g de beurre
250 ml de crème fraîche épaisse

500 g de pâte aux œufs fraîche (voir p. 20)

1 Découpez la mozzarella en cubes, et placez-les dans un grand saladier. Ajoutez la ricotta et le parmesan râpé, et mélangez bien. Ajoutez une pincée de noix de muscade, salez et poivrez à votre convenance.

2 Battez légèrement l'œuf et mélangez-le aux fromages. Découpez le saumon fumé en bandes. Hachez l'aneth (conservez quelques brins pour la décoration). Étalez la pâte et découpez des ronds de 6 cm de diamètre.

3 Avec un pinceau, ou avec les doigts, humectez légèrement le bord de chaque rond de pâte avec de l'eau. Mettez une c. à c. de garniture au fromage au centre de chaque rond. Repliez un bord sur l'autre pour refermer. Pincez les bords avec les doigts pour bien les sceller. Courbez la pâte autour du doigt, en retournant le bord scellé pour le plier vers le haut.

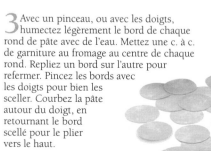

4 Pincez les extrémités de la pâte garnie pour former un anneau. Procédez de même pour garnir, fermer et façonner les autres ronds de pâte. Etalez les tortellini terminés sur un linge fariné et saupoudrez d'un peu de farine de blé ou de maïs. Laissez sécher 1 à 2 heures.

5 Faites cuire les tortellini dans de l'eau bouillante salée jusqu'à ce qu'ils soient juste tendres, en agitant de temps à autre pour qu'ils ne collent pas. Égouttez, rincez à l'eau chaude et égouttez de nouveau. Entre-temps, faites fondre à feu doux du beurre dans la casserole.

6 Ajoutez maintenant les tortellini dans la casserole et remuez doucement pour bien les enduire de beurre. Ajoutez la crème, le saumon fumé et l'aneth haché. Mélangez sur feu doux jusqu'à ce que les ingrédients soient bien chauds.

SERVICE
Servez les tortellini sur un plat chaud et décorez avec les brins d'aneth.

---

86 ÉVITER QUE LES TORTELLINI ÉCLATENT

Pour éviter que des pâtes garnies comme les tortellini éclatent au cours de la cuisson, veillez à ne pas trop les remplir.

Fermez bien les bords de chaque pâte, en humectant d'abord avec de l'eau, puis en pinçant avec le doigt.

87 LASAGNES AUX AUBERGINES SAUCE FROMAGE

Pour 8 personnes en plat principal

Ingrédients

Pâte aux épinards

*90 g d'épinards frais, cuits, égouttés et
finement hachés*

300 g de farine

3 œufs

1 c. à s. d'huile végétale

1 c. à c. de sel

Huile pour le plat de cuisson

═══

Garniture

500 g d'aubergines

Huile végétale pour enduire les aubergines

500 g de tomates

250 g de mozzarella

═══

Sauce au fromage

1 litre de lait

90 g de beurre

45 g de farine

Noix de muscade moulue

Sel et poivre

125 g de parmesan râpé

1 Préparez la pâte (*voir p. 20*), en ajoutant les épinards avec les œufs, l'huile et le sel. Malaxez et étalez la pâte, puis laissez-la sécher pendant 5 à 10 minutes. Découpez des rectangles de 10 x 20 cm ; étalez-les sur un linge recouvert de farine, et saupoudrez-les de farine ; laissez-les encore sécher 1 à 2 heures. Faites cuire dans de l'eau salée bouillante pendant 3 à 5 minutes. Transvasez ensuite les pâtes dans un saladier d'eau froide pour stopper la cuisson ; retirez-les avec une écumoire et séchez-les soigneusement sur un linge propre.

2 Épluchez les aubergines et découpez-les en tranches épaisses. Placez-les dans une passoire, saupoudrez de sel et laissez dégorger 30 minutes pour extraire le jus. Chauffez le four à 180 °C/thermostat 4. Rincez les aubergines et essuyez-les avec un essuie-tout. Placez-les sur des feuilles huilées et enduisez-les d'huile. Enfournez et laissez cuire jusqu'à qu'elles soient tendres, en les retournant une fois, pendant 20 à 25 minutes. Découpez les tomates. Coupez la mozzarella en tranches de 5 mm d'épaisseur.

3 Faites bouillir du lait dans une casserole moyenne. Faites fondre le beurre dans une autre casserole ; versez-y la farine et laissez cuire 1 à 2 minutes. Retirez du feu et ajoutez le lait bouillant. Remettez sur le feu et faites chauffer, en mélangeant, jusqu'à ébullition et épaississement. Assaisonnez avec une pincée de noix de muscade, du sel et du poivre ; laissez mijoter pendant 2 minutes ; retirez du feu et ajoutez les trois quarts du parmesan.

4 Faites préchauffer le four à 180 °C/ thermostat 4. Huilez un grand plat et couvrez-en le fond avec une couche de sauce au fromage, puis une couche de pâte. Mettez la moitié des aubergines par-dessus ; couvrez de sauce, puis d'une autre couche de pâte. Placez la moitié de la mozzarella sur le dessus de la pâte, puis la moitié des tranches de tomates. Couvrez avec une autre couche de pâtes, recouvrez enfin de tranches d'aubergine.

5 Étalez par-dessus une autre couche de sauce au fromage ; recouvrez avec une autre couche de pâtes, puis une couche de mozzarella et de tranches de tomates, et couvrez le tout avec une dernière couche épaisse de sauce au fromage. Saupoudrez le reste de parmesan et faites cuire au four pendant 30 à 45 minutes.

Service
Lorsque les lasagnes sont brunes et gonflées, coupez-les en huit morceaux et servez sur des assiettes chaudes.

88 LASAGNES À LA BOLOGNAISE

Pour 6 à 8 personnes en plat principal

Ingrédients

Sauce bolognaise

750 g de tomates

*2 c. à s. d'oignons
hachés finement*

*2 c. à s. de carottes
hachées finement*

*2 c. à s. de céleri
haché finement*

3 c. à s. d'huile d'olive

45 g de beurre

500 g d'émincé de bœuf

250 ml de vin blanc

125 ml de lait

Noix de muscade moulue

Sel et poivre

===

*500 g de pâte aux œufs
fraîche* (voir p. 20)

1 litre de sauce béchamel
(voir p. 41)

Parmesan fraîchement râpé

30 g de beurre

■ Préparez la sauce bolognaise : épépinez et découpez les tomates en gros morceaux. Faites revenir l'oignon, la carotte et le céleri dans l'huile d'olive et le beurre jusqu'à ramollissement. Ajoutez l'émincé de bœuf et faites cuire en secouant la poêle jusqu'à ce que la viande perde sa couleur rosée. Ajoutez le vin ; laissez cuire à feu moyen pour faire évaporer le liquide. Versez le lait avec une pincée de noix de muscade et prolongez la cuisson jusqu'à ce que le liquide soit évaporé.
Rajoutez les tomates, avec leur jus. Laissez mijoter 3 à 4 heures, en secouant la poêle de temps à autre. Assaisonnez à votre convenance à la fin de la cuisson.

■ Malaxez et étalez la pâte ; laissez-la sécher 5-10 minutes. Découpez des rectangles de 10 x 20 cm et étalez-les sur un linge fariné, puis saupoudrez de farine et laissez sécher 1 à 2 heures.

■ Faites préchauffer le four à 180 °C/thermostat 4. Beurrez un grand plat. Faites cuire les pâtes dans de l'eau salée bouillante jusqu'à ce qu'elles soient juste tendres. Transvasez-les dans un saladier d'eau froide, puis égouttez-les soigneusement.

■ Etalez de la sauce bolognaise au fond du plat, puis mettez une couche de sauce béchamel, saupoudrée de parmesan. Recouvrez avec une couche de pâte, puis ajoutez une couche de sauce bolognaise, recouverte de pâte. Recouvrez avec une nouvelle couche de béchamel, puis saupoudrez de parmesan râpé.

■ Continuez l'empilement jusqu'à ce que le plat soit presque plein. Terminez par une couche de béchamel saupoudrée de parmesan. Ajoutez des noisettes de beurre. Passez au four jusqu'à ce que tout soit très chaud et que le dessus prenne une belle couleur brune, soit 30-40 minutes.

■ Laissez reposer 5 minutes avant de découper les parts.
Servez sur des assiettes chaudes.

MACARONI AU FENOUIL ET AUX RAISINS

Pour 4 à 6 personnes en plat principal

Ingrédients

500 g de bulbes de fenouil

Sel et poivre

45 g de pignons de pin

2 oignons de taille moyenne, finement émincés

125 ml d'huile d'olive

45 g de raisins secs

500 g de ricotta

375 g de macaroni

250 g de mozzarella en tranches

SERVICE

Servez les macaroni sur des assiettes chaudes. Si vous le souhaitez, décorez avec des feuilles de fenouil hachées.

■ Épluchez les bulbes de fenouil ; coupez-les en deux dans le sens de la longueur, puis en tranches. Faites-les bouillir dans de l'eau salée, pour qu'ils soient juste tendres. Égouttez en conservant le liquide.

■ Laissez refroidir, puis découpez en gros morceaux.

■ Faites préchauffer le four à 190 °C/thermostat 5 ; étalez les pignons de pin sur une plaque de cuisson ; faites-les griller pour qu'ils brunissent.

■ Dans une poêle, faites revenir les oignons dans l'huile pour les ramollir ; ajoutez le fenouil, les raisins et les pignons de pin, et mélangez le tout. Retirez la poêle du feu et versez la ricotta une fois la poêle refroidie.

■ Versez le liquide de cuisson du fenouil dans une grande casserole, et de l'eau si nécessaire, et portez à ébullition ; faites-y cuire les macaroni, puis égouttez. Faites préchauffer le four à 180 °C/thermostat 4.

■ Placez la moitié des macaroni dans un plat beurré ; recouvrez avec la moitié de la sauce à la ricotta. Recommencez avec des couches de macaroni et de sauce. Placez des tranches de mozzarella sur le dessus des macaroni. Faites cuire jusqu'à ce que le fromage fonde et brunisse et que les macaroni soient très chauds, soit 15 à 20 minutes.

90 RAVIOLI À LA RICOTTA ET AU SAFRAN

Pour 4 personnes en plat principal

Ingrédients

*500 g de pâte aux œufs
fraîche* (voir p. 20)

1/2 cuillerée à café de safran

1 c. à s. de lait

375 g de ricotta

Le zeste d'une orange, râpé

1 œuf

Noix de muscade

Sel et poivre

125 g de beurre

*Feuilles de sauge
ou de romarin*

■ Préparez la pâte et laissez-la reposer 1 heure. Divisez la pâte en deux et étalez-la finement en deux rectangles de taille égale. Plongez le safran dans le lait pendant 20 minutes, puis mélangez à la ricotta, avec le zeste d'orange, un œuf légèrement battu, une pincée de noix de muscade moulue, du sel et du poivre à votre convenance. Placez la ricotta à la petite cuiller sur une feuille de pâte, en rangées espacées d'environ 3,5 cm.

■ Placez le deuxième rectangle de pâte par-dessus et appuyez légèrement avec les doigts entre les rangées de garniture. Coupez entre les rangées, à l'aide d'une roulette de pâtissier ou d'un couteau, pour former des ravioli carrés. Appuyez avec les doigts sur les bords des ravioli pour s'assurer qu'ils sont bien fermés. Laissez sécher sur un linge fariné pendant 1 à 2 heures.

■ Portez une grande casserole d'eau salée à ébullition, et faites-y cuire les ravioli pendant 5 minutes, jusqu'à ce qu'ils gonflent légèrement. Entre-temps, faites fondre le beurre et aromatisez-le avec des feuilles entières de sauge ou de romarin.

■ Égouttez les ravioli et jetez-les dans le beurre, en tournant pour bien les imprégner.

91 PÂTES DÉLICATES

Les petites pâtes garnies, comme les ravioli et les tortellini, sont délicates à manipuler. Pour éviter qu'elles se déchirent ou collent entre elles pendant la cuisson, faites-les sécher pendant 1 heure, puis posez-les en une seule couche sur une plaque de cuisson enduite de farine. Mettez-les au congélateur jusqu'à ce qu'elles durcissent, environ 1 heure, puis faites-les cuire directement.

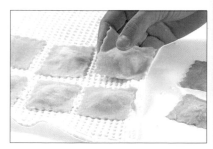

FAITES SÉCHER SUR UNE SURFACE FARINÉE

92 CANNELLONI AU POULET ET À LA MOZZARELLA

Pour 6 à 8 personnes en plat principal

Ingrédients

*500 g de pâte aux œufs
fraîche (voir p. 20)*

*375 g de blanc de poulet cuit,
en petits morceaux*

*125 g de mozzarella,
en cubes*

2 œufs légèrement battus

Sel et poivre

6 fines tranches de pancetta

═══

*375 ml de sauce tomate
fraîche (voir p. 41)*

*2 c. à s. de feuilles
de basilic frais*

30 g de parmesan râpé

■ Étalez la pâte finement ; coupez-en les bords et découpez des rectangles de 10 x 7,5 cm. Étendez-les sur un linge et saupoudrez de farine. Laissez sécher 1 à 2 heures, puis faites cuire les rectangles de pâte à l'eau bouillante salée, juste pour les rendre tendres, en remuant doucement pour éviter qu'ils collent. Versez-les ensuite dans un saladier d'eau froide. Égouttez-les et mettez-les sur un linge propre.

■ Mettez le poulet, les cubes de mozzarella et les œufs dans un saladier ou un bol. Salez et poivrez à votre convenance et mélangez bien.

■ Faites préchauffer le four à 200 °C/thermostat 6. Découpez chaque tranche de pancetta en quatre bandes, en enlevant les os et les cartilages. Placez une bande sur chaque rectangle. Mettez 2 à 3 cuillerées à soupe de garniture au milieu de chaque rectangle (dans le sens de la longueur). Beurrez ou huilez un grand plat à gratin. Enroulez chaque rectangle pour former un cylindre et placez-le dans le plat, avec le joint dessous.

■ Ajoutez le basilic à la sauce tomate et versez-la sur les cannelloni dans le plat. Faites cuire au four jusqu'à ébullition, soit 20 à 25 minutes.

SERVICE
Saupoudrez de parmesan et décorez si vous le souhaitez avec des feuilles de basilic.

93 RIGATONI AU FOUR AVEC DES BOULETTES DE VIANDE
Pour 6 à 8 personnes en plat principal

Ingrédients

1,4 kg d'olivettes, pelées, épépinées et découpées en morceaux

3 gousses d'ail finement hachées

Bouquet de basilic de taille moyenne

Sel et poivre

—

Boulettes de viande

500 g d'émincé de bœuf

125 g de parmesan râpé

3-5 brins de persil à feuilles plates, hachés

Le jus d'un demi-citron

Sel et poivre

1 œuf

3 c. à s. d'huile d'olive, plus de quoi beurrer le plat à soufflé

—

375 g de rigatoni

1 Mettez les tomates dans une poêle, avec leur jus, et avec les deux tiers de l'ail et les feuilles de basilic. Faites cuire à feu moyen jusqu'à ce que le mélange commence à épaissir, soit 10 à 12 minutes en remuant de temps à autre. Transvasez le mélange dans le robot et faites tourner jusqu'à ce qu'il devienne lisse. Salez et poivrez à votre convenance, puis mettez de côté. Nettoyez la poêle.

2 Mettez le bœuf, le quart du parmesan, le persil, le reste d'ail, le jus de citron, du sel et du poivre dans un saladier. Ajoutez les œufs et mélangez. Avec les mains humides, formez des boulettes de 2 cm de diamètre. Faites chauffer l'huile d'olive dans la poêle et faites frire les boulettes rapidement, en les retournant, jusqu'à ce qu'elles soient brunes à l'extérieur et encore roses à l'intérieur (2 à 4 minutes). Placez-les alors sur un grand plateau.

VÉRIFICATION DE LA CUISSON

FRIRE
PAR
FOURNÉES

3 Chauffer le four à 190 °C/thermostat 5. Huilez l'intérieur d'un plat à soufflé de 2 litres. Faites cuire les pâtes dans de l'eau bouillante salée, jusqu'à ce qu'elles soient *al dente*, 8 à 10 minutes, en remuant de temps à autre. Égouttez soigneusement. Remettez les pâtes dans la casserole et versez la sauce tomate au basilic. Remuez pour que les pâtes soient bien imprégnées.

4 Placez environ un tiers des rigatoni et du mélange de sauce dans le plat à soufflé, en une surface régulière. Placez par-dessus la moitié des boulettes de viande. Saupoudrez d'environ 1 cuillerée à soupe de parmesan. Ajoutez la moitié du restant de pâtes et de sauce, puis le reste de viande.

5 Saupoudrez le dessus avec une nouvelle cuillerée de parmesan, puis ajoutez le reste de pâtes et recouvrez avec le reste de parmesan. Passez au four, jusqu'à ce que ce soit très chaud et que le dessus soit bruni (30 à 40 minutes). Laissez reposer pour que les parfums se mélangent, environ 15 minutes.

SERVICE
Saupoudrez de parmesan; si vous le désirez, décorez avec des lamelles de basilic.

65

94 LUNES CHINOISES SAUCE CITRON

Pour 6 à 8 personnes en plat principal

Ingrédients

175 g de crevettes cuites

125 g de bettes

1 citron

*2,5 cm de racine
de gingembre frais*

1 c. à s. d'huile végétale

1 gousse d'ail hachée

1 échalote hachée

1 c. à c. de sherry (xérès)

1 c. à s. de sauce au soja

═

500 g de pâte aux œufs fraîche (voir p. 20)

Sauce au citron

2 citrons

45 g de beurre

75 ml de crème fraîche épaisse

1 Préparez la garniture aux crevettes :
coupez grossièrement les crevettes et
mettez-les de côté. Avec un couteau, enlevez
le cœur des bettes et découpez-les en
lamelles. Jetez les nervures trop épaisses.
Rincez les bettes à l'eau froide. Portez une
casserole d'eau froide à ébullition et plongez-y
les bettes, puis laissez cuire jusqu'à ce qu'elles
soient tendres. Égouttez, rincez à l'eau froide
et égouttez de nouveau. Râpez le zeste du
citron et mettez-le de côté.

2 Pelez et coupez finement la racine de
gingembre. Faites chauffer de l'huile dans
une poêle et ajoutez les lamelles de bettes,
l'ail haché, l'échalote et le gingembre. Faites
revenir le mélange environ 3 minutes en
secouant la poêle fréquemment. Ajoutez les
crevettes, le zeste de citron, le sherry et la
sauce au soja, et mélangez. Vérifier
l'assaisonnement. Passez le mélange au robot
pour le hacher grossièrement ou, si vous
préférez, hachez menu avec un couteau.

3 Sur une surface farinée, malaxez et étalez la pâte (1 mm d'épaisseur), puis découpez des ronds de 7,5 cm. Placez une cuillerée à café de garniture sur chaque rond. Humectez légèrement les bords tout autour avec de l'eau. Repliez un côté sur l'autre pour fermer, puis scellez en pinçant les bords avec le bout des doigts. Recommencez le remplissage et la fermeture pour tous les autres ronds.

4 Étalez les lunes de pâte sur un linge enduit de farine, et saupoudrez de farine. Laissez sécher 1 à 2 heures. Pendant ce temps, préparez la sauce au citron : râpez le zeste de citron, du côté le plus fin de la râpe. Faites fondre du beurre dans une petite casserole, ajoutez de la crème fraîche épaisse et la moitié du zeste de citron, et mélangez. Gardez au chaud pendant que les pâtes cuisent.

5 Faites cuire les lunes de pâte dans de l'eau salée bouillante, jusqu'à ce que les bords soient tendres mais encore élastiques (2 à 3 minutes). Égouttez, rincez à l'eau chaude, puis égouttez. Disposez sur des assiettes chaudes.

SERVICE
Versez la sauce au citron à la cuiller sur les pâtes et saupoudrez de zeste de citron. Si vous le souhaitez, ajoutez quelques fines tranches d'oignon vert.

CONSERVER ET RÉCHAUFFER LES PÂTES

95 CONSERVATION DES PÂTES SÈCHES

Séchez soigneusement les pâtes faites maison, saupoudrez-les de farine et stockez-les dans un récipient étanche à l'air, 3 ou 4 jours (pâtes aux œufs), ou jusqu'à 8 jours (pâtes sans œufs). Les pâtes sèches du commerce se conservent environ 2 ans.

POTS ÉTANCHES À L'AIR
Conservez les pâtes séchées dans des pots fermés, dans un endroit sec et frais.

96 CONSERVATION DES PÂTES FRAÎCHES

Placez les pâtes garnies de fabrication maison sur une plaque de cuisson et saupoudrez-les légèrement de farine, pour les conserver une journée au réfrigérateur. Ou bien congelez-les sur un plateau, puis placez-les dans un sac en plastique, et conservez-les deux mois au congélateur. Suivez les indications du fabricant pour la conservation des pâtes fraîches du commerce.

CONGÉLATION DES PÂTES FRAÎCHES

97 PRÉPARATION ET CONSERVATION DES SALADES DE PÂTES

Une salade de pâtes peut toujours être préparée un jour à l'avance. Mélangez les ingrédients et la sauce alors que les pâtes sont encore chaudes, de sorte qu'elles absorbent les parfums. Couvrez alors la salade et conservez-la au réfrigérateur. Servez froid, ou laissez revenir à température ambiante avant de servir.

98 CONGÉLATION DES SAUCES

Les sauces à base de crème, de lait ou de fromage se congèlent mal, car ces ingrédients tendent à se séparer lors de la congélation. Les sauces à la tomate se congèlent en revanche très bien, tout comme le pistou et la bolognaise. Les plats de pâtes garnies ou en couches qui comprennent des sauces, comme les lasagnes et les cannelloni, peuvent également se congeler et se réchauffer de manière satisfaisante.

SAUCE CONGELÉE DANS UN SAC PLASTIQUE

99 DÉCONGÉLATION

Décongelez les sauces et les plats de pâtes à température ambiante ou, pour aller moins rapidement, au réfrigérateur. Vous pouvez aussi accélérer le processus avec un four à micro-ondes, en suivant les indications fournies avec la notice de votre four.

100 RÉFRIGÉRATION

Si vous souhaitez préparer une sauce à l'avance, ou s'il vous reste de la sauce, conservez-la au réfrigérateur pendant une journée, dans un récipient étanche à l'air. Les pâtes garnies non cuites, comme les ravioli, peuvent également être gardées au réfrigérateur pendant une journée.

101 RÉCHAUFFER LES PÂTES

Réchauffez jusqu'à ébullition les sauces qui ont été conservées au réfrigérateur ou congelées. Remuez doucement pour vous assurer que les ingrédients sont bien mélangés. Les plats de pâtes en couches se réchauffent très bien au four à micro-ondes.

RÉCHAUFFER LES PÂTES EN COUCHES

Vous pouvez préparer des plats de pâtes en couches jusqu'à 24 heures à l'avance. Conservez-les au réfrigérateur et faites-les cuire normalement, ou au four à micro-ondes.

INDEX

CRÉDITS PHOTOGRAPHIQUES

Photographies

CODE : h *haut*, b *bas*, c *centre*, d *droite*, g *gauche*.

L'ensemble des photographies a été réalisé par
Amanda Heywood, David Murray,
et Clive Streeter

excepté :

Martin Brigdale 42 tout sauf cg ; Philip Dowell 10hd, bd,
11hd, bd, 12hd, hg, 32hd, cd, 61hd, 62cg, c ; Stephen Oliver 32bd ;
Roger Phillips 8bg, 12c, bg, bc, bd, 16bd, bg, cd; 2hd, 53 ;
Susanna Price 30bd ; Matthew Ward 7, 28bg, 68, 69hd ;
Jerry Young 25hd, 26 tout sauf hd.